D1691387

Streifzug durch Tsavo

Eine Geschichte aus der ostafrikanischen Savanne

WWF

Lappans wunderbare Tierwelt

Gewidmet meinen engsten Mitstreitern vom Trinity-College und meinen Eltern, die an mich geglaubt und mich gelehrt haben, meine Stärken zu nutzen. – S. B.

Für meine Söhne Joel und Marshall. – P. K.

Danksagungen:
Unser besondere Dank gilt Michael Devlin vom *Endangered Wildlife Trust* für die fachliche Durchsicht und Beratung.
Ein Dankeschön an Mike für deine Geduld und deine Begeisterung.
Ohne deine Hilfe wäre dieses Buch nicht entstanden. – S. B.
Ebenso ein Danke an die Mitarbeiter vom Oakland Zoo. – P. K.

Kontaktadresse WWF Deutschland:
Rebstöcker Str. 55, Postfach 190440, 60326 Frankfurt am Main
http://www.wwf.de

Book copyright © 1998 by Trudy Corporation, 353 Main Avenue, Norwalk, CT 06851
Translation copyright © 1999 by Lappan Verlag GmbH, Postfach 3407,
D-26024 Oldenburg, http://www.lappan.de
Titel der Originalausgabe: *Through Tsavo – A Story of an East African Savanna*
Die deutsche Ausgabe erscheint mit freundlicher Genehmigung von Soundprints,
a division of Trudy Corporation, Norwalk, Connecticut
Gesetzt nach den Regeln der neuen Rechtschreibung
Übersetzung: Katja Rudnik
Printed in Hong Kong
ISBN 3-89082-240-1

Streifzug durch Tsavo

Eine Geschichte aus der
ostafrikanischen Savanne

von Schuyler Bull
Illustriert von Paul Kratter

LAPPAN

Die lange Trockenzeit im Tsavo-Nationalpark in Kenia, Afrika, neigt sich dem Ende zu. Blitze zucken vom Himmel herab und entzünden ein Feuer im verdorrten goldgelben Gras. Die Matriarchin, das weibliche Oberhaupt einer Elefantenfamilie, bemerkt den Brandgeruch und hält ihr Kalb dicht neben sich.

Seit Wochen hat es nicht geregnet und die Elefanten sind auf dem Weg zur Mündung des Mzima-Flusses auf der Suche nach Wasser. Die Herde ist schon an anderen kleinen Feuern vorbeigekommen, die das Unterholz und das Laub verbrennen, jedoch erlöschen, bevor größere Bäume Feuer fangen. Vom Brandgeruch, der in der Luft liegt, muss das Elefantenjunge niesen.

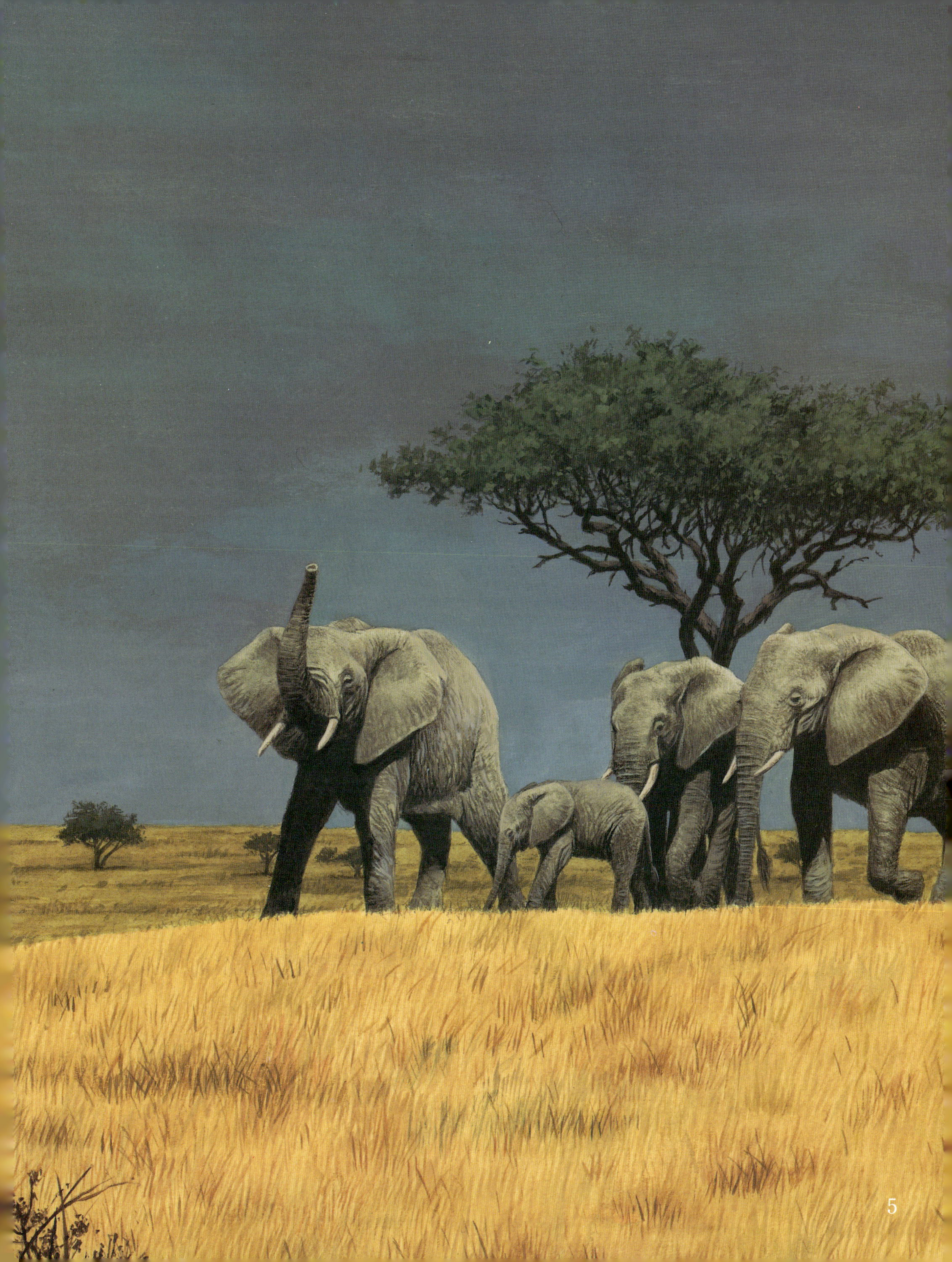

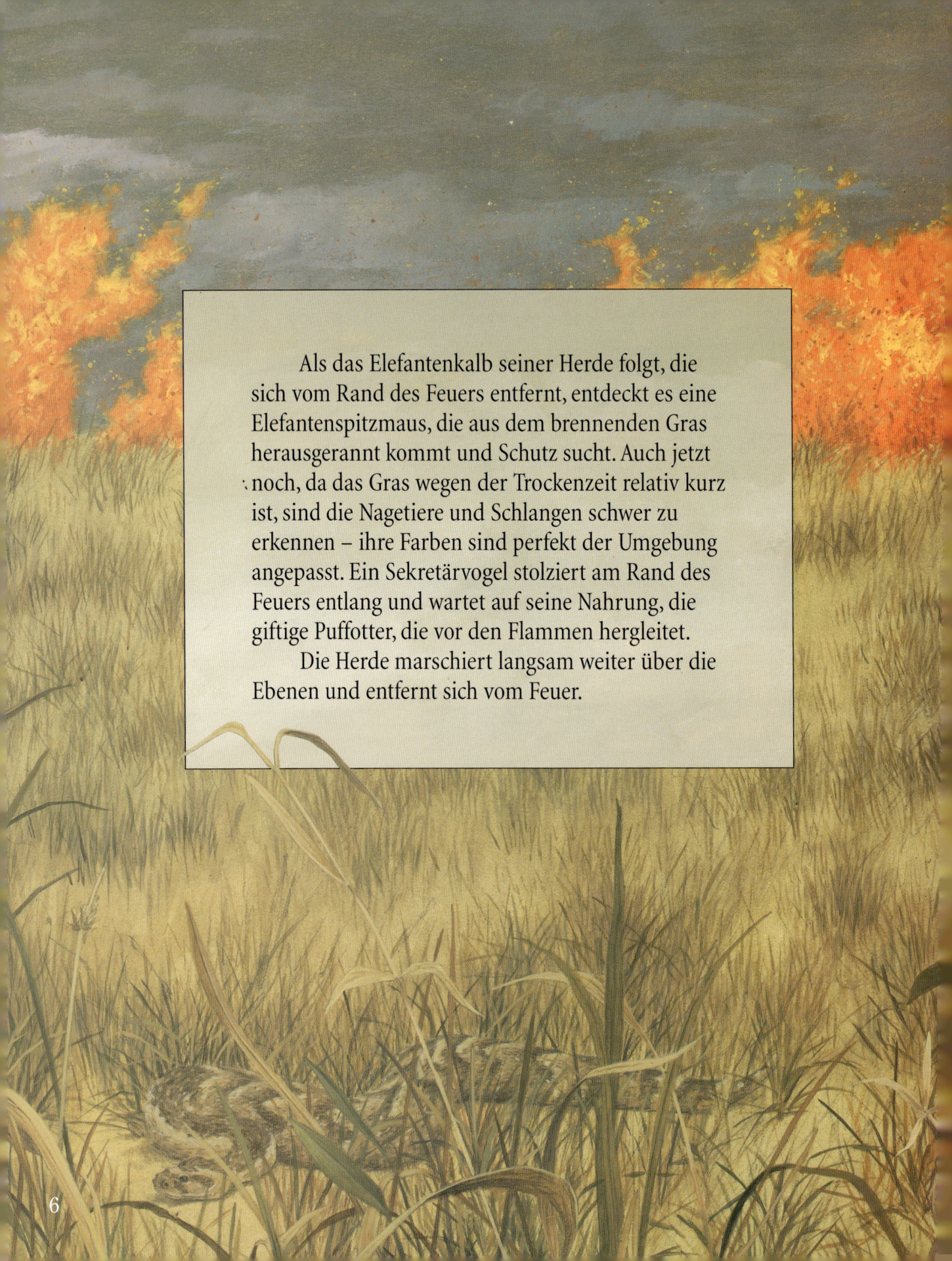

Als das Elefantenkalb seiner Herde folgt, die sich vom Rand des Feuers entfernt, entdeckt es eine Elefantenspitzmaus, die aus dem brennenden Gras herausgerannt kommt und Schutz sucht. Auch jetzt noch, da das Gras wegen der Trockenzeit relativ kurz ist, sind die Nagetiere und Schlangen schwer zu erkennen – ihre Farben sind perfekt der Umgebung angepasst. Ein Sekretärvogel stolziert am Rand des Feuers entlang und wartet auf seine Nahrung, die giftige Puffotter, die vor den Flammen hergleitet.

Die Herde marschiert langsam weiter über die Ebenen und entfernt sich vom Feuer.

7

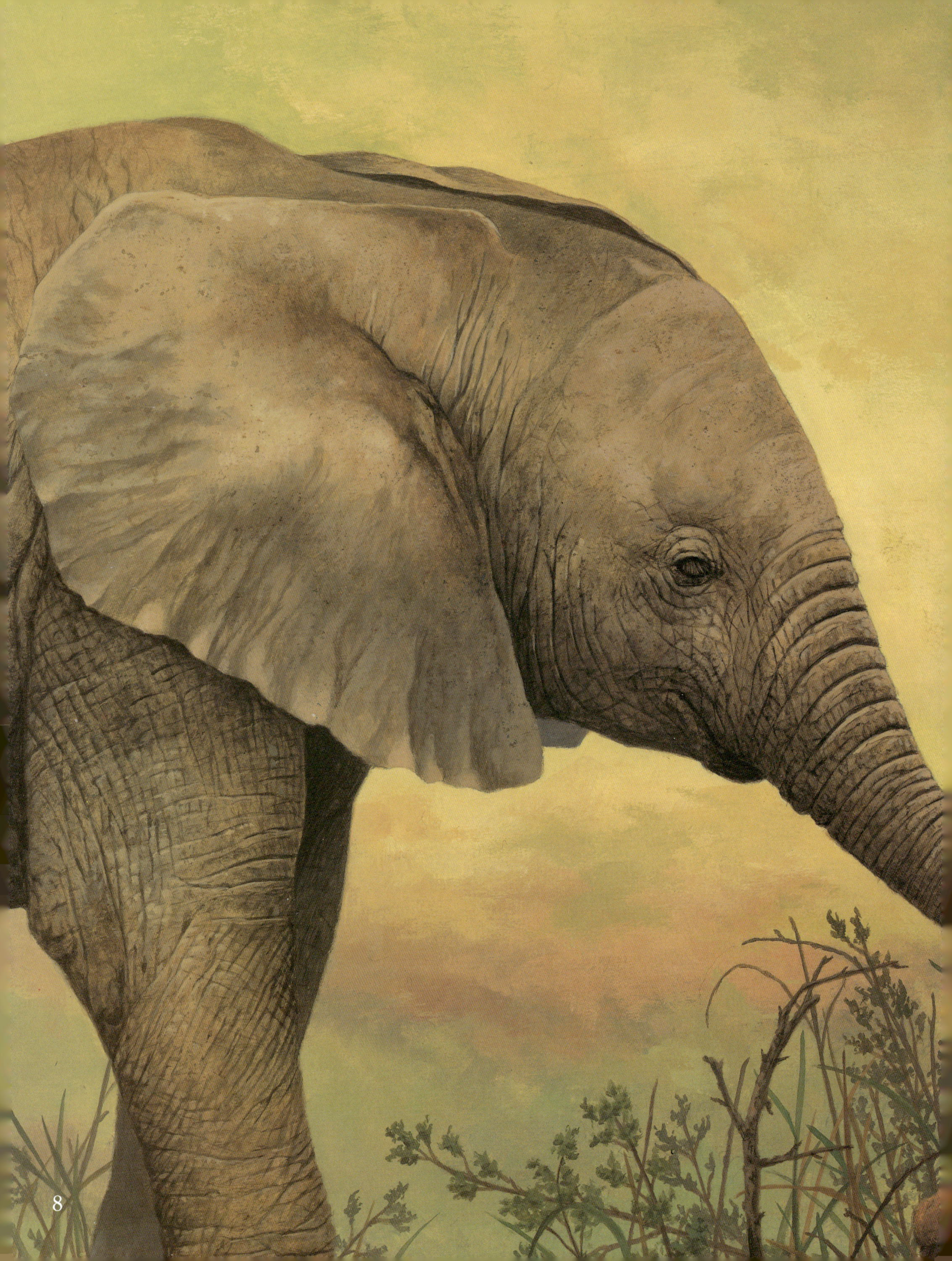

Als die Herde eine Pause einlegt, kann das Elefantenkalb der Versuchung nicht widerstehen, mit seinem Rüssel einen großen schornsteinförmigen Termitenhügel zu erkunden. Eine Kolonie Zwergmangusten hat den Hügel als Wohnung ausgesucht. Ein Roter Wendehalsfrosch hat sich tief in den Hügel eingegraben und wartet auf den Beginn der Regenzeit.

Das Elefantenkalb bohrt seinen Rüssel in ein Loch, doch das Loch ist zu eng und so kommt es nicht weit. Ein Schnauben seiner Mutter lässt es an ihre Seite zurücktrotten, als die Herde ihren Weg durch die Savanne fortsetzt.

Ein hungriger Schwarzmilan hält von seinem Ast aus Ausschau nach flüchtenden Termiten.

Um die Mittagszeit ruht sich die Elefantenherde in einem kleinen Akazienhain aus. Während die anderen vor sich hin dösen, schält die Mutter des kleinen Elefanten lange Rindenstücke vom Baum ab und steckt sich einige mit ihrem Rüssel ins Maul.

Das Elefantenkalb spielt mit den herunterhängenden Streifen und lässt sie hin und her schwingen. Dann bekommt es einen Rindenstreifen mit den Zähnen zu fassen und zieht ihn mit seinem Gewicht herunter. Seine Mutter hebt ein Bein und lässt ein leises Knurren hören – das Zeichen für die Herde, dass es an der Zeit ist weiterzuziehen.

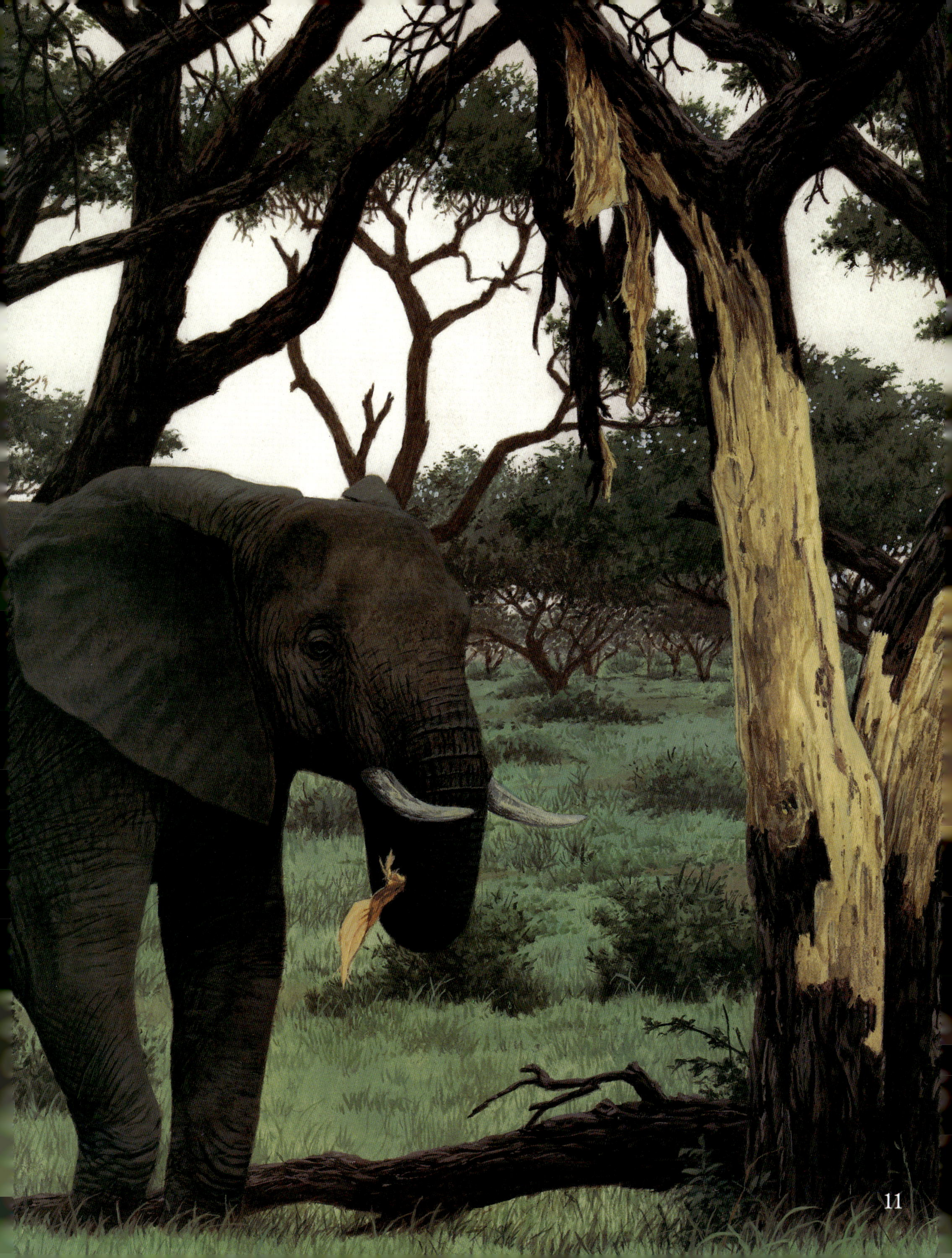

12

Kuhreiher reiten auf den Rücken der Elefanten und halten nach Insekten oder Fröschen Ausschau, die von den Elefanten aufgescheucht werden. Außerdem suchen sie die Elefanten nach Zecken und Grind ab. Das Elefantenkalb spürt das Kratzen eines Schnabels auf seiner Haut.

Es bemerkt einen Schwarzkehlhoniganzeiger, der mit einer kurzen Bewegung seiner weißen Schwanzfedern einen Honigdachs zu einem Bienenstock führt. Nachdem der Dachs den Stock mit seinen Krallen geöffnet hat, fressen die beiden Honig, Wachs, Bienenlarven und Eier.

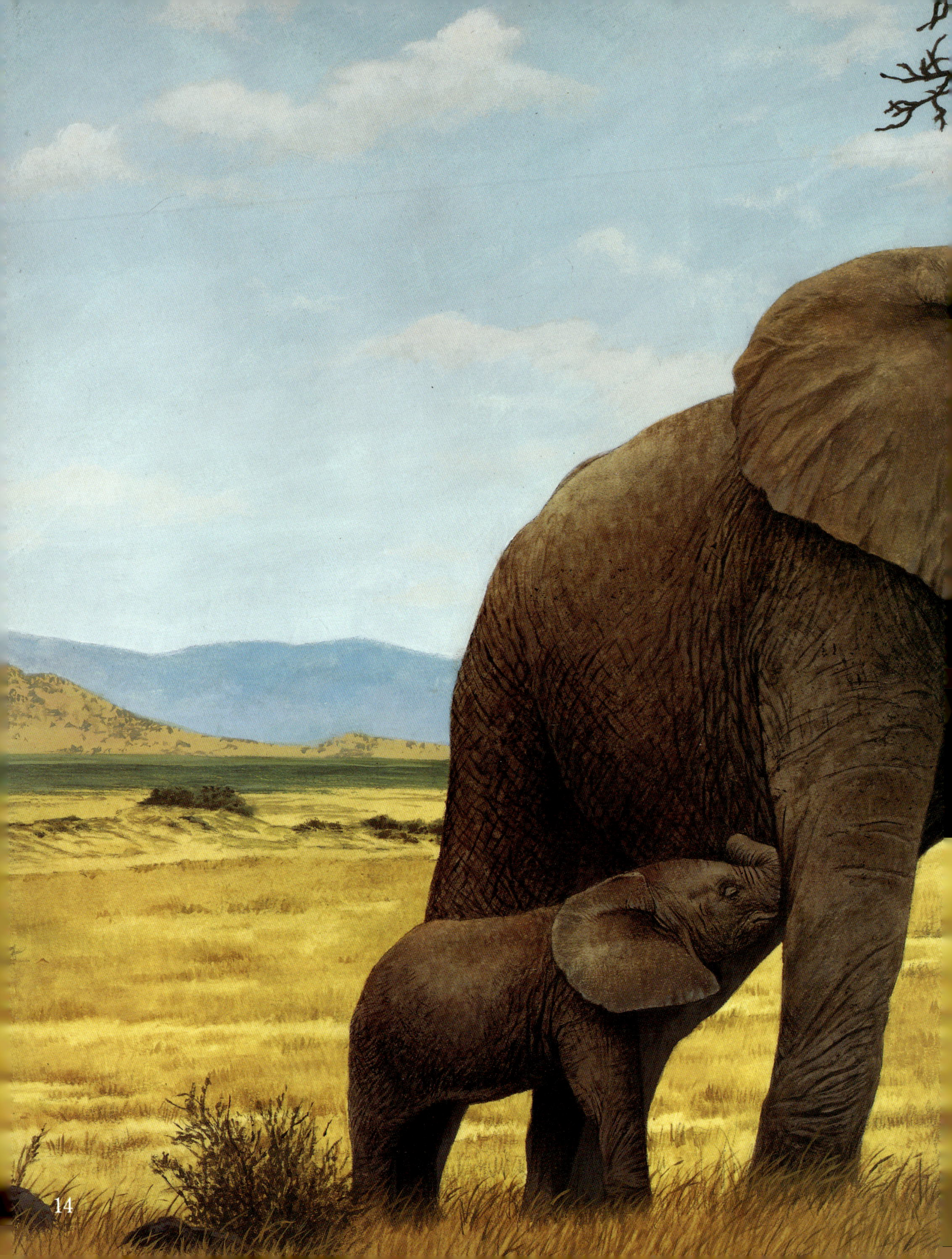

Auf ihrer Reise durch die Savanne zum Fluss braucht die Herde Wasser. Hoch oben zwischen den Zweigen eines Affenbrotbaumes ist eine Vertiefung, in der auch während der trockensten Monate Wasser steht. Wenn die Elefanten Rinde von den Bäumen schälen, wird ihnen diese Erfrischung oft gleich mitgeliefert.

Das Elefantenkalb beobachtet, wie seine Mutter ihren langen Rüssel hoch in den Baum streckt und einen erfrischenden Schluck Wasser nimmt. Es stößt seinen Kopf in die Flanke der Mutter und beginnt zu saugen. Die warme Milch fließt durch seine trockene Kehle.

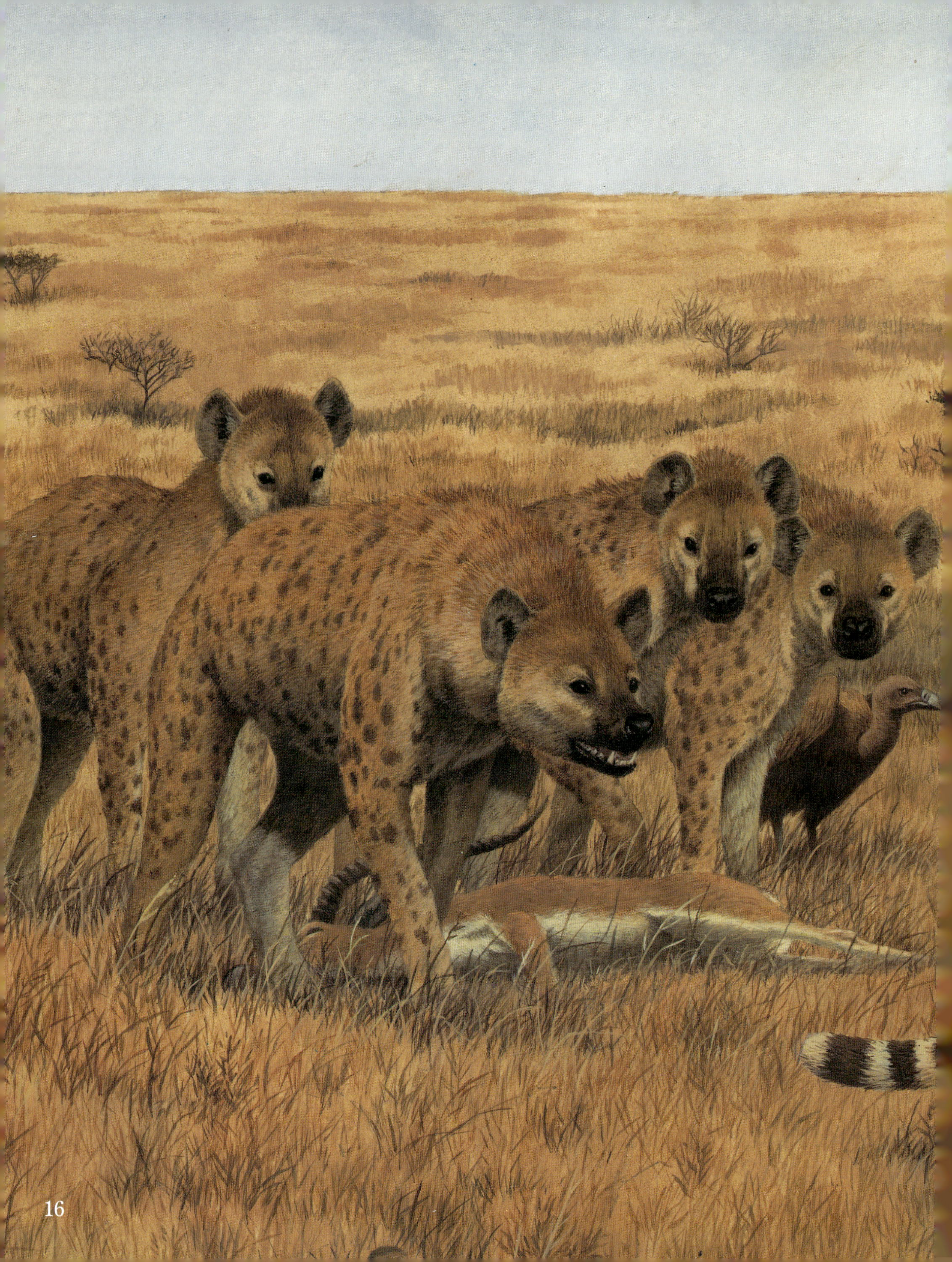

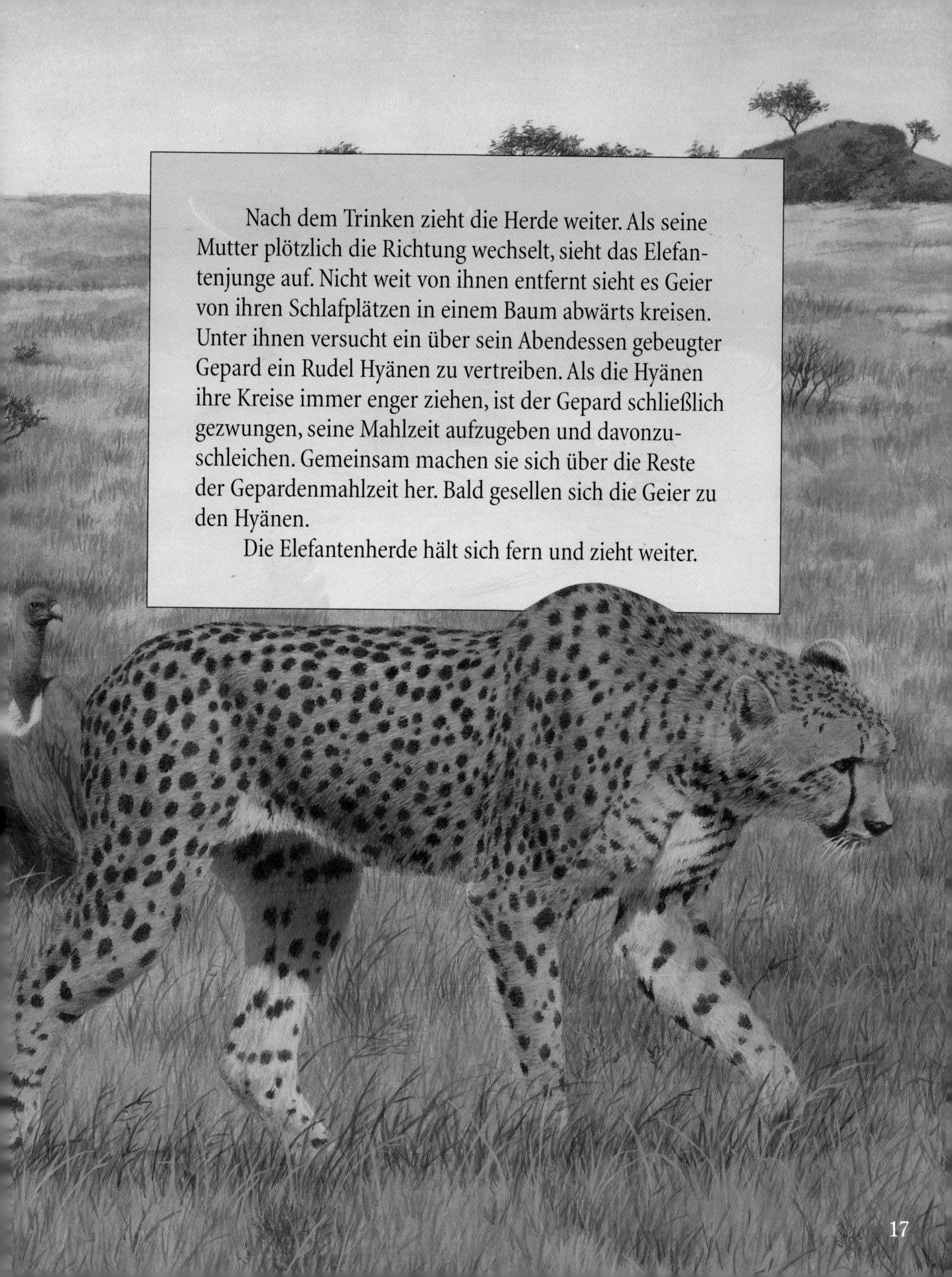

Nach dem Trinken zieht die Herde weiter. Als seine Mutter plötzlich die Richtung wechselt, sieht das Elefantenjunge auf. Nicht weit von ihnen entfernt sieht es Geier von ihren Schlafplätzen in einem Baum abwärts kreisen. Unter ihnen versucht ein über sein Abendessen gebeugter Gepard ein Rudel Hyänen zu vertreiben. Als die Hyänen ihre Kreise immer enger ziehen, ist der Gepard schließlich gezwungen, seine Mahlzeit aufzugeben und davonzuschleichen. Gemeinsam machen sie sich über die Reste der Gepardenmahlzeit her. Bald gesellen sich die Geier zu den Hyänen.

Die Elefantenherde hält sich fern und zieht weiter.

Von den Elefantenfüßen aufgeworfener Staub wirbelt zu einer Gruppe Giraffen, die zwischen den Ästen von Schirmakazien ihr Futter sucht. Das Elefantenkalb starrt beim Vorüberziehen auf ihre langen Hälse und die auffällige Musterung ihres Fells. Die Giraffen fressen mehrere Happen Blätter auf einmal. Ihre ungefähr 40 cm lange Zunge ist unempfindlich gegen die fast 8 cm langen Dornen der Akazien.

Die erwachsenen Elefanten behalten die schwarzmähnigen Löwen im Blick, die in einiger Entfernung vorbeiziehen. Da kein Grund zur Besorgnis besteht, suchen sie weiter nach Blättern, Früchten und Baumrinde. Einige Geierperlhühner rennen vor den Füßen der Elefanten her.

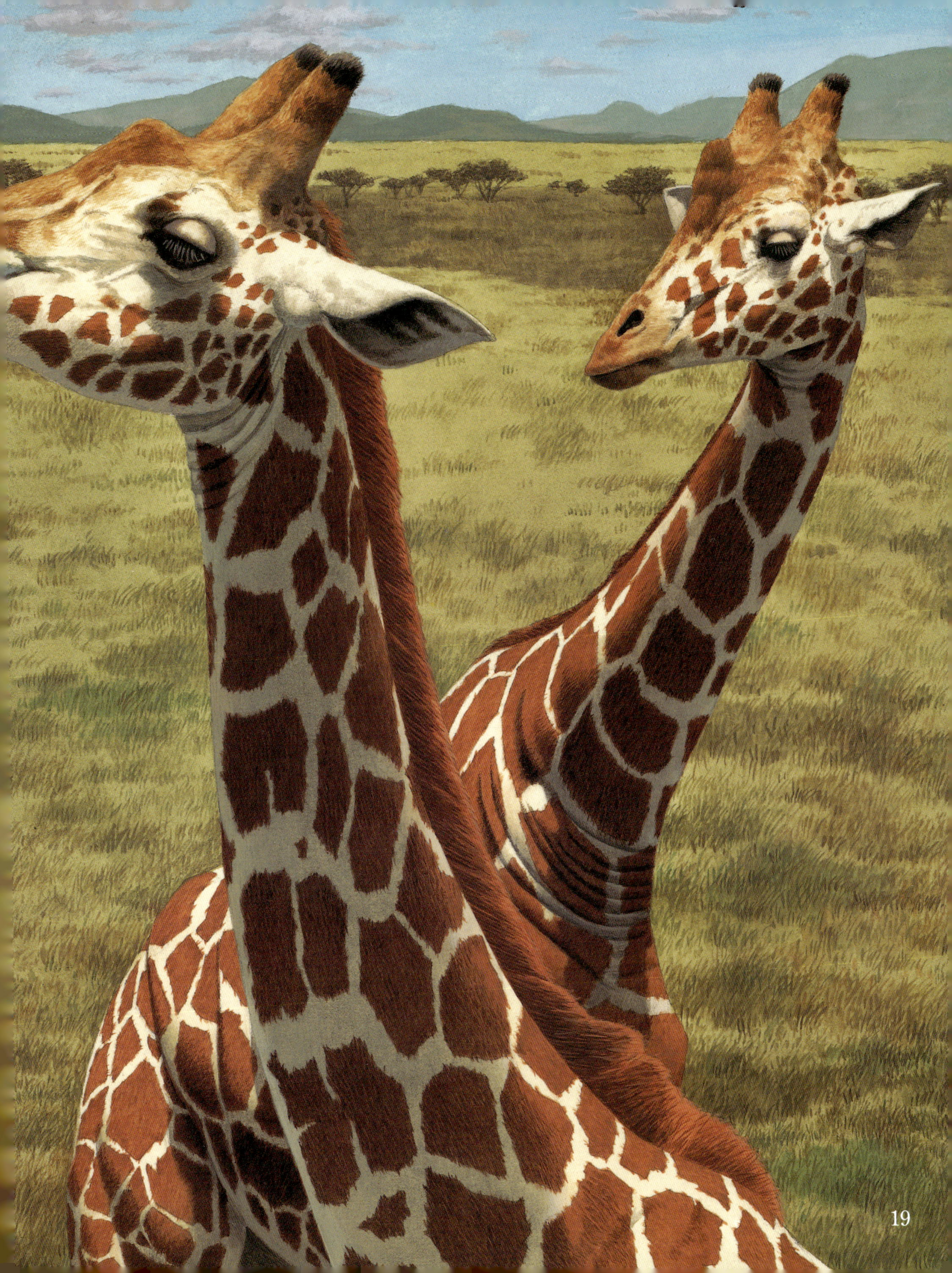

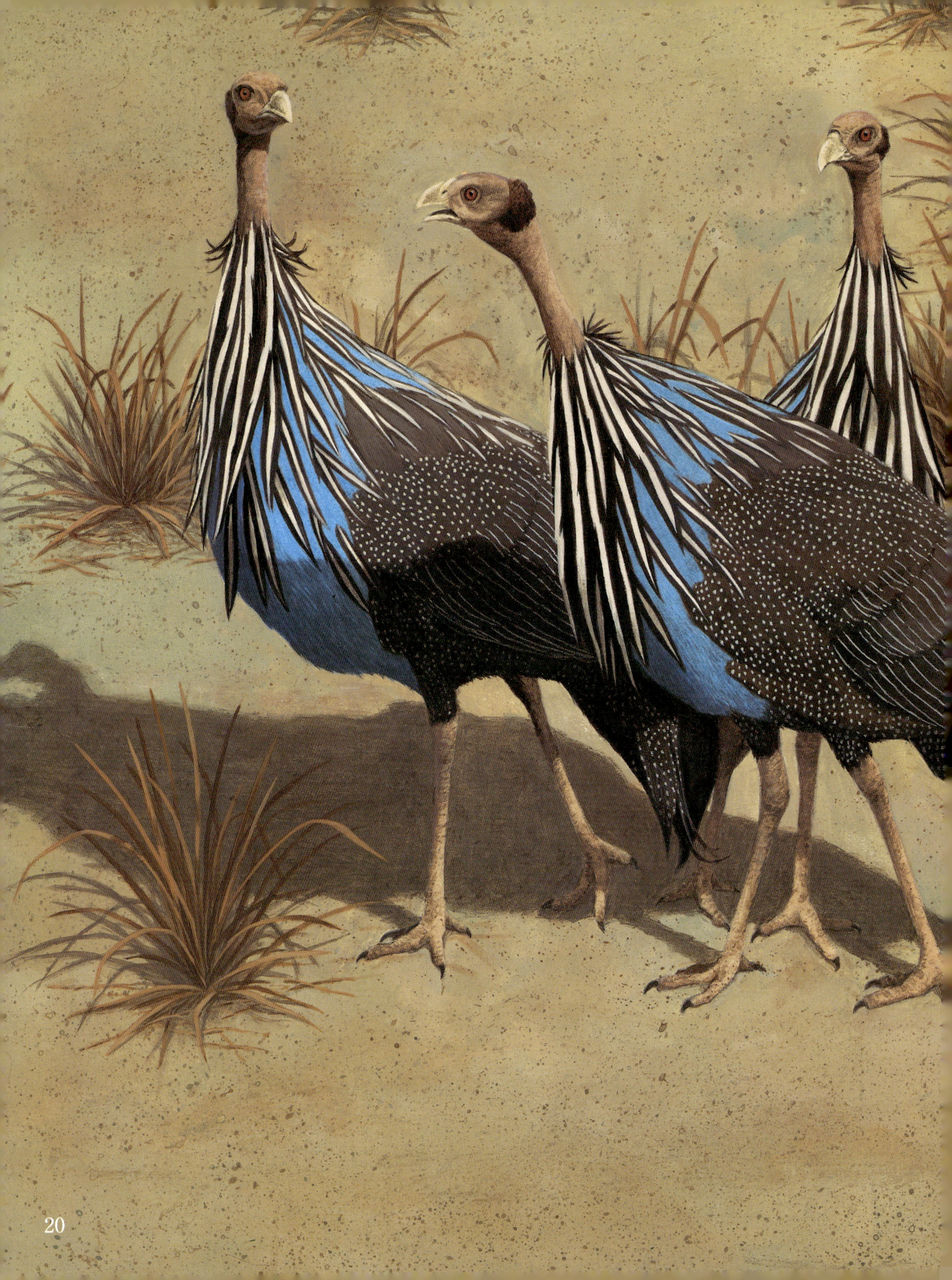

Das Elefantenkalb folgt einem Mistkäfer, der ein Stück Elefantenkot zu einer Kugel von Tischtennisball-Größe rollt. Der Käfer schubst die Kugel zu seinem unterirdischen Tunnel. Später wird er zusammen mit seinem Paarungspartner Eier in den Dung legen und die Brut im Tunnel aufziehen.

Die Herde ist weitergezogen. Plötzlich hört das Elefantenkalb das warnende Trompeten seiner Mutter – es ist zu weit zurückgeblieben und somit nicht mehr in Sicherheit. Ein großes, im Schatten eines Busches lauerndes Krokodil würde ein Elefantenjunges schnappen, wenn es die Möglichkeit hätte. So trottet das Elefantenkalb an die Seite seiner Mutter zurück.

Schließlich erreicht die Elefantenherde die klaren Teiche der Mzima-Mündung. Im Wasser tummeln sich Nilpferde, Schildkröten und Fische. Kaffernbüffel, Spitzmaulnashörner und Kleine Kudus stehen in Gruppen am schlammigen Rand. Die Elefanten platschen ins Wasser und trinken in langen schlürfenden Schlucken.

Am anderen Ufer sonnt sich ein Nilkrokodil in der heißen Nachmittagssonne. Die Elefantenmutter hat ein wachsames Auge auf das Krokodil – bereit, es anzugreifen, sollte es zu nahe kommen.

Das Elefantenkalb kniet nieder, um im kühlenden Schlamm am Rand des Teiches zu spielen und sich zu suhlen. Es bedeckt sich mit einer wohltuenden Schlammschicht, die es vor der Sonne und vor beißenden Insekten schützt.

23

In einem hohen knochigen Affenbrotbaum, der ein Ende des Teiches überschattet, baut ein Büffelweber mit rotem Schnabel sein unordentliches Nest aus Stöcken. Zebras fressen das lange Gras ab. Ein Gnu und eine zierliche Gazelle zieht es wegen der kürzeren Gräser an das Wasserloch.

Das Elefantenkalb läuft spritzend in den Teich hinein und leckt ein- oder zweimal am Wasser. Es dauert nicht mehr lange, dann beginnt die Regenzeit und verwandelt die Savanne in ein sattes Grün.

Langsam sinkt die Sonne und die Hitze, die über der Savanne liegt, lässt nach. Das Elefantenkalb besprüht sich mit Wasser aus seinem Rüssel.

25

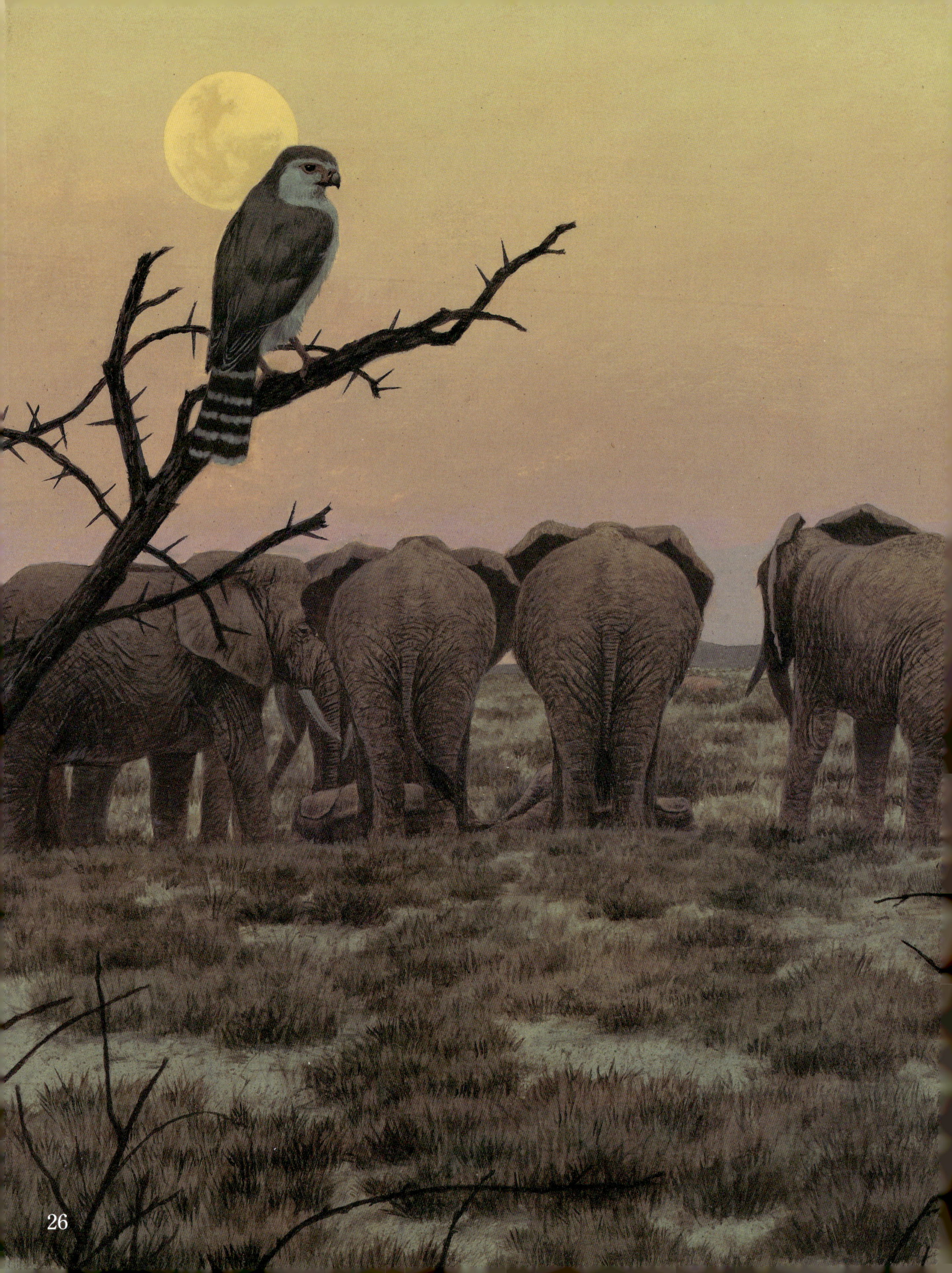

Zwei Klippschliefer genießen die Wärme, welche die tagsüber von der Sonne aufgeheizten Felsen abstrahlen. Ein Gelbschnabel-Nashornvogel knackt mit seinem kräftigen Schnabel ein Samengehäuse. Ein Zwergfalke hockt auf einem Akazienast und sucht den Boden nach Beutetieren ab.

Als der Sonnenuntergang den Himmel glutrot färbt, bildet die Elefantenfamilie einen Kreis um das Kalb. Mit nach außen zeigenden Hinterteilen werden sie es vor jeder nächtlichen Gefahr behüten.

Die Elefantenmutter beschnuppert ihr Junges mit dem Rüssel. Es lässt sich im trockenen Gras nieder und gleitet langsam in den Schlaf. Die Herde hat einen Ort gefunden, an dem es reichlich Futter und Wasser gibt. Hier kann sie vorerst bleiben.

Der Tsavo-Nationalpark

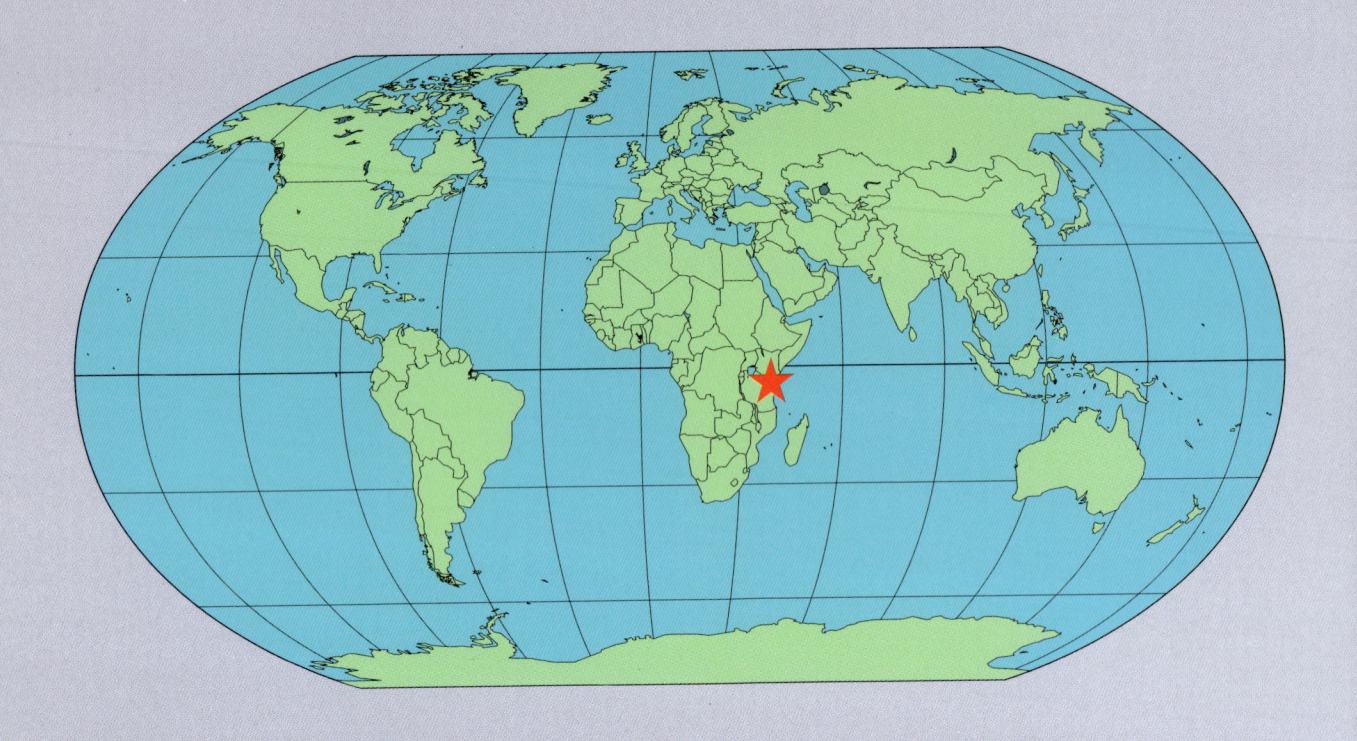

Der Tsavo-Nationalpark liegt im Südosten von Kenia in Ostafrika, an der Grenze zu Tansania. Er wurde 1947 zum Naturschutzgebiet erklärt.

Glossar

▲ *Akazie*

▲ *Östl. Weißbartgnu*

▲ *Nilkrokodil*

▲ *Afrikan. Elefant*

▲ *Gerenuk*

▲ *Steppenzebra*

▲ *Spitzmaulnashorn*

▲ *Giraffe*

▲ *Sekretärvogel*

▲ *Kaffernbüffel*

▲ *Kleiner Kudu*

▲ *Thomson-Gazelle*

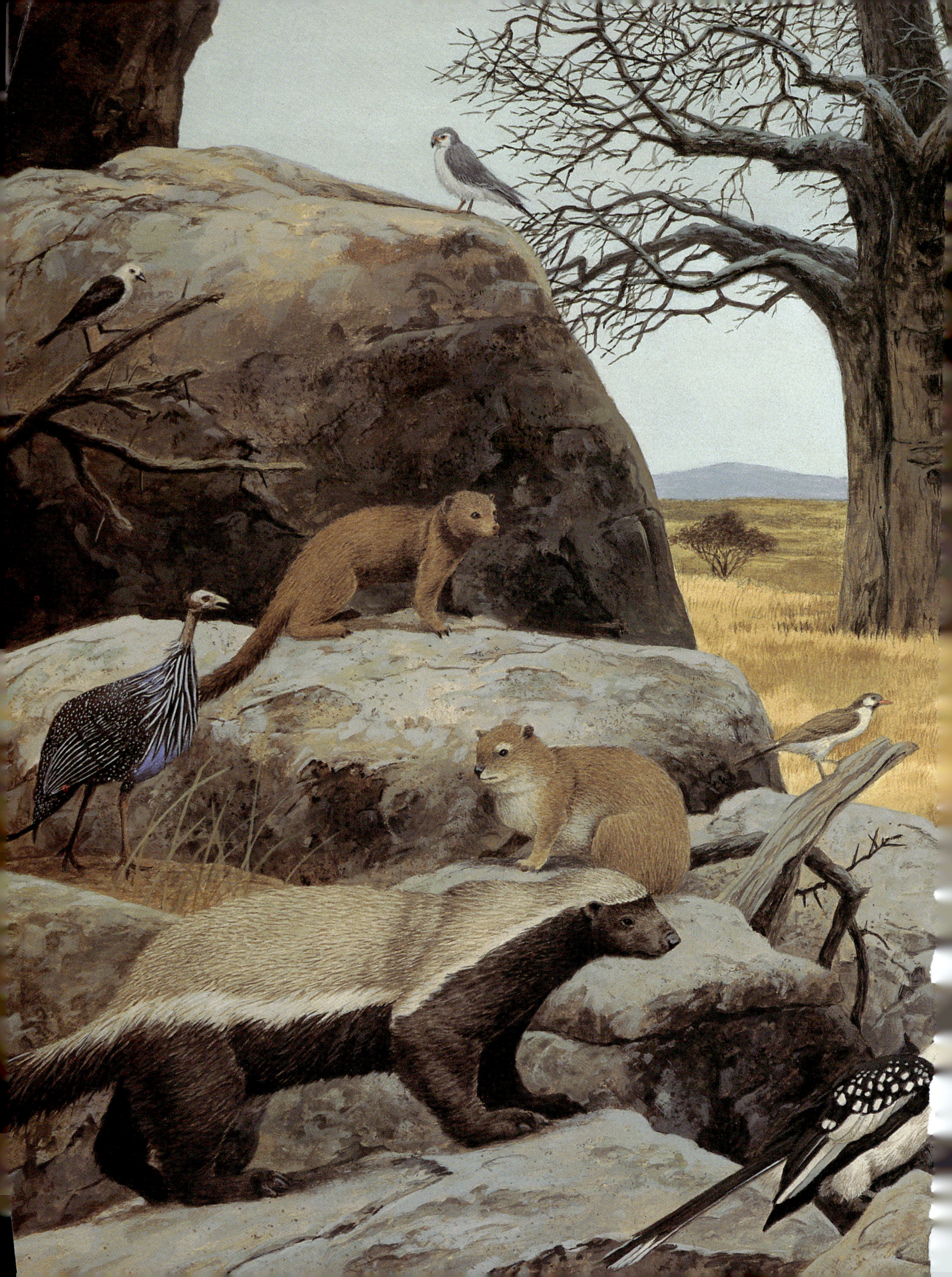

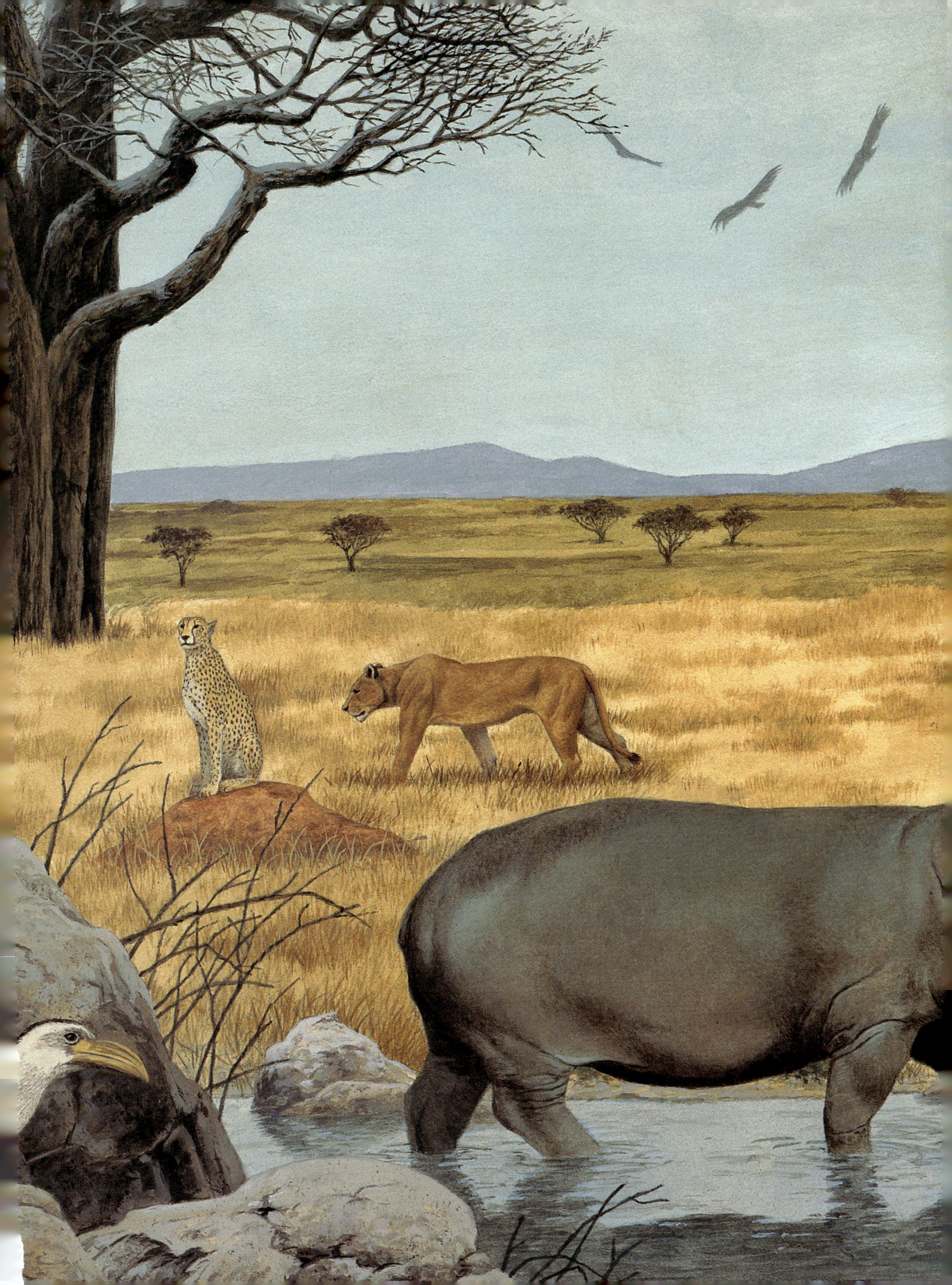

Wissenswertes über Tsavo

Der Tsavo-Nationalpark wurde im Jahr 1947 zum Naturschutzgebiet erklärt. Zuvor war der Tsavo ein *nyika thornveld* – ein größtenteils von Bäumen und Sträuchern bewachsenes Gebiet mit wenig Grasland oder Steppe. Der Tsavo war die Heimat von ungefähr 12 000 bis 15 000 Elefanten. Seit Generationen hatten die Wata, ein Eingeborenenstamm, der in diesem Gebiet lebte, pro Jahr ungefähr 400 Elefanten gejagt und erlegt.

Als der Tsavo zum Nationalpark erklärt wurde, war die Jagd auf wilde Tiere durch die Wata oder andere innerhalb der Parkgrenzen nicht mehr erlaubt. Ohne die Regulierung der Bestände durch die Wata nahm die Anzahl der Elefanten in diesem Gebiet rasch zu. Hinzu kamen Elefantenherden, die aufgrund der Errichtung neuer Siedlungen außerhalb vom Tsavo verdrängt wurden.

Der nun sehr große Bestand an Elefanten zerstörte den Busch durch Niedertrampeln des Unterholzes und Entwurzeln der Bäume. Jetzt erreichte das Sonnenlicht den Boden und ließ Gräser sprießen, die sich bald über größere Abschnitte ausbreiteten. Davon wurden neue Arten Gras fressender Säugetiere und Feldvögel angezogen.

Eine mehrere Jahre dauernde Dürre in den Siebzigerjahren verwandelte den Tsavo in ein wüstenähnliches Ödland. Eine erschreckend große Anzahl von Elefanten starb den Hungertod. Als die Dürre endlich vorbei war, hatte sich die Landschaft des Tsavo verändert. Aus dem einstigen *nyika thornveld* war Grasland oder Savanne geworden, mit typischen grasenden Tieren wie beispielsweise Zebras und Gnus.

Heute hat sich die Anzahl der Elefanten auf einen konstanten Wert eingependelt. Bäume und Sträucher wachsen wieder in Tsavos Wäldern und verkleinern die Graslandgebiete ein wenig. Doch die Savanne wird wahrscheinlich weiterhin die Heimat vieler Pflanzen, Vögel und Säugetiere bleiben, die in den letzten fünfzig Jahren hierher gekommen sind. Letztendlich hat die Natur für all die zahlreichen Spezies innerhalb der Pflanzen- und Tierwelt, die in den schützenden Grenzen vom Tsavo wachsen und leben, ein neues Gleichgewicht gefunden. Für die Angehörigen des Wata-Stammes hat sich das Leben jedoch für immer geändert.

▲ Afrikan. Zwergfalke

▲ Östl. Gelbschnabel-Nashornvogel

▲ Klippschliefer

▲ Affenbrotbaum

▲ Nilpferd

▲ Tüpfelhyäne

▲ Schwarzkehlhoniganzeiger

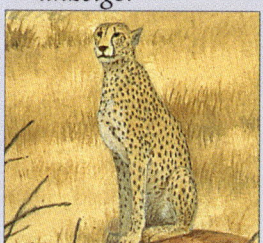

▲ Honigdachs

▲ Geier

▲ Gepard

▲ Löwe

▲ Geierperlhuhn

▲ Zwergmanguste

▲ Weißkopf-Büffelweber

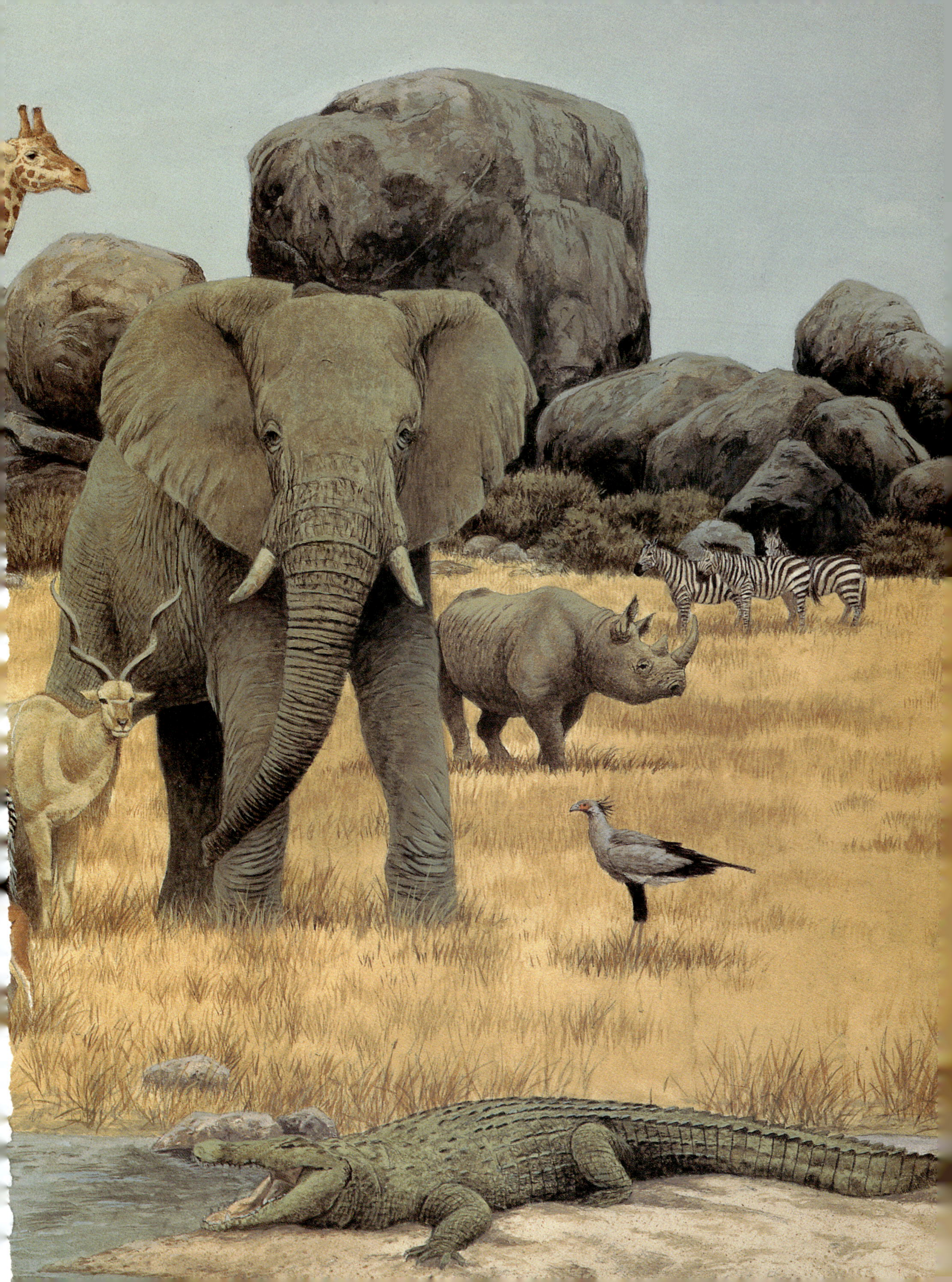